Volker Bender
Seilbahn Koblenz
Faszination und Technik

Impressum

Bibliografische Information der Deutschen Nationalbibliothek:
Die Deutsche Nationalbibliothek verzeichnet diese Publikation in der Deutschen Nationalbibliografie; detaillierte bibliografische Daten sind im Internet über http://dnb.dnb.de abrufbar.

© 2017 Volker Bender
Fotos:
Seite 9,10 © by Holger Weinandt License: CC-BY-SA 3.0 via http://commons.wikimedia.org
Seite U1,8,12,13,14,15,17,18,23,25,31,34 © by Doppelmayr GmbH, A-Wolfurt

Herstellung und Verlag: BoD – Books on Demand, Norderstedt
ISBN: 978-3-7431-2662-6

Vorgeschichte und Planung

Gut möglich, daß die Koblenzer des Jahres 1908 die Einwohner Südtirols beneideten, denn dort eröffnete am 29. Juni die erste Seilbahn, um Passagiere von Bozen auf den Hausberg nach Kohlern zu transportieren. Mit der kühnen Idee, seine Gäste im Sommer bequem aus dem heißen Talkessel auf die Sommerfrische zu befördern, schuf der Gastwirt Josef Staffler eine kleine Weltsensation. Die Nachricht machte schnell die Runde und schon bald darauf trafen auch aus anderen Regionen Neuigkeiten ein: 1912 nahm eine weitere Bahn in Südtirol ihren Betrieb auf, 1924 dann als erste deutsche die Fichtelbergbahn in Oberwiesenthal.

Auch bei den Rheinländern wurde der Wunsch, es ihren Nachbarn gleichzutun und zur Festung Ehrenbreitstein zu schweben, statt mühsam hinaufzusteigen, ausgiebig diskutiert. Am Ende wurde die Idee jedoch verworfen. Der Traum geriet zwar nie ganz in Vergessenheit, dennoch sollten zwei Weltkriege ins Land gehen, ehe das Thema wieder in den öffentlichen Fokus rückte.

Inzwischen waren die Aufbaujahre angebrochen, Tourismus und Wintersport erlebten einen beispiellosen Boom. Im Oktober 1950 wurde das „Lager für heimatlose Ausländer" auf der Festung aufgelöst und an der Frage nach der künfigen Nutzung der Anlage entbrannte ein Streit zwischen Stadt und Land. Aufgrund der großen Wohnungsnot forderte die Stadt Koblenz die Errichtung neuer Unterkünfte in den Festungsanlagen, während das Land als neuer Eigentümer eine touristische Teilnutzung favorisierte und damit das letzte Wort hatte. Erneut kam der Wunsch auf, Einwohner und Gäste bequem und komfortabel zum schönsten Aussichtspunkt der Stadt zu bringen – sehr zum Unwillen der Denkmalpflege, die Ende 1952 von einer „Verschandelung der Rheinlandschaft" sprach. Vernichtend äußerte sich auch der Rheinische Verein für Denkmalpflege und Landschaftsschutz, der das Projekt als „ästhetisch und landschaftlich katastrophal" bezeichnete.

Anders dagegen die Stimmung in der Bevölkerung und deren gewählter Vertretung, dem Stadtrat: Dieser entschied sich für den Bau einer Seilbahn – und das, obwohl die dafür benötigten Flächen sich gar nicht im eigenen Besitz, sondern in dem des Landes befanden. Nach einer langen Diskussion standen jedoch die ungeklärte Finanzierung, rechtliche Aspekte und nicht zuletzt die Denkmalpflege einer Verwirklichung der Idee im Weg. Im März 1955 wurde das Projekt von der Bezirksregierung Koblenz endgültig eingestellt. Die Idee einer Seilbahn jedoch keimte weiter, vor allem der Koblenzer Bürger- und Verkehrsverein setzte sich mehrfach für eine Wiederaufnahme der Diskussion ein.

Nur wenige Jahre später gelang immerhin eine „kleine" Lösung: 1959 ging am Fuß der Festung Ehrenbreitstein ein Sessellift in Betrieb, um Besucher, die den Rhein per Fähre oder Brücke überwunden hatten, auf das Felsplateau zu befördern. Die Ehrenbreitsteiner Sesselbahn AG war 1970 dazu bereit, eine Seilbahn in Eigenregie – ganz ohne öffentliche Fördermittel – zu realisieren. Erneut war eine Bahn zum

Greifen nah – Landes- und Bezirksregierung waren jedoch anderer Meinung. Zwar gab das Verwaltungsgericht Koblenz zunächst noch dem Investor recht, nur wenig später jedoch kassierte das Oberverwaltungsgericht im Rahmen einer Berufungsverhandlung dieses Urteil wieder ein. Im Mai 1971 wurde die Klage der Sesselbahn AG vor allem aus Gründen des Landschaftsschutzes abgewiesen.

Auch 1992, im Rahmen der 2000-Jahr-Feier der Stadt Koblenz, lebte die Debatte noch einmal auf und kehrte in das Bewusstsein der Öffentlichkeit zurück.

12 Jahre später, als die Stadt Koblenz den Zuschlag zur Ausrichtung einer Bundesgartenschau (Buga) erhielt, war die Zeit gekommen. Und verglichen mit den vergangenen Jahrzehnten, ging nun alles ganz schnell. Erste Expertisen ergaben, daß das Projekt technisch und finanziell zu stemmen sein könnte. Die Stadt, die Buga GmbH und auch die Unesco mussten lediglich an einem Strang ziehen, denn erst 2002 hatte die Unesco dem Oberen Mittelrheintal den Status eines Weltkulturerbes zuerkannt. Eine dauerhaft installierte Seilbahn wollte die Unesco nicht akzeptieren, signalisierte jedoch ihr Einverständnis für eine temporäre Lösung, die zwei Jahre nach Ende der Buga wieder abgebaut werden müsste. Ein Kompromiss, mit dem man leben konnte.

Als erstes galt es nun, den besten Standort für eine Talstation zu finden. Ursprünglich sahen die Planer acht Alternativen dafür vor, am Ende blieben nur zwei davon als machbare Varianten übrig: Die eine führte vom Campingplatz im Stadtteil Lützel und die zweite vom jetzigen Standort am

Rheinufer hinauf zur Festung. Gegen Lützel sprach die dafür notwendige Moselüberquerung, denn Besucher hätten über eine Fußgängerbrücke vom Deutschen Eck aus zur Talstation geführt werden müssen. Auch eine kleinere Seilbahn – zunächst vom Deutschen Eck als „Zubringer" auf die andere Moselseite – hätte immense Mehrkosten bedeutet. Gegen eine Talstation am Rheinufer hingegen sprach deren direkte Nähe zur Basilika St. Kastor. Am Ende entschieden die Verantwortlichen sich für genau diese „kurze" Variante vom Rheinufer zur Festung und schrieben den Bau einer Seilbahn aus. Ende 2008 erhielt die Doppelmayr-Gruppe aus Wolfurt in Österreich den Zuschlag, das Projekt zu realisieren und für drei Jahre in Konzession zu betreiben. Überzeugend beim Angebot der Österreicher war, daß die Konstruktion die Unesco-Vorgabe erfüllte und mit nur zwei Stützen auskam. Allzu starke Eingriffe in das gewachsene Bild von Festung und Berghang konnten damit vermieden werden.

Bau

Im April 2009 begannen die Arbeiten mit der Fällung erster Bäume, schon einen Monat später wurden die 16 Meter tiefen Fundamente für die Talstation gegossen. Dabei verwendeten die Techniker den härtesten Beton, der auf dem Markt erhältlich war, um der enormen Zugkraft der Seile standhalten zu können. Zeitgleich wurde in Wolfurt die Mechanik der Talstation angefertigt und deren Einzelteile probeweise zusammengefügt. Im Spätsommer war der Rohbau fertig, kurz darauf rückten die Österreicher mit sieben Sattelschleppern an.

120 Tonnen Material wurden am Koblenzer Rheinufer abgeladen und auf die einzelnen Segmente der Mechanik vorsortiert. Nach und nach wurden die Teile zusammengefügt und das Herzstück der Seilbahn, die mächtigen roten Seilscheiben, an ihren Platz bugsiert. Über sie würde später das Zugseil laufen, mit dem die Gondeln bewegt werden.

Parallel dazu wurde an der Bergstation gearbeitet. Deren Stütze, ein 25 Meter hoher Stahlträger, wiegt 90 Tonnen. Auf den Seilsätteln, die darüber befestigt wurden, werden später die Seile laufen.

Um Berg- und Talstation miteinander zu verbinden, wurden Spezialisten aus der Schweiz eingeflogen. Sie nahmen in den folgenden Monaten den „Seilzug" in Angriff, so wird in der Seilbahner-Fachsprache die Aufgabe bezeichnet, die Seile einer Seilbahn aufzuziehen und zu spannen. In Koblenz, auf engem Raum über einer Bundes- und Bundeswasserstraße nebst vielbefahrener Eisenbahnlinie, war das trotz sorgfältiger Planung kein leichtes Unterfangen. Im Januar 2010 schließlich war es soweit: in einer minutiös vorbereiteten Aktion wurde die Bundesstraße 42 gesperrt, die Schifffahrt auf dem Rhein angehalten und der Bahnbetrieb eingestellt.

Über der Bergstation stieg ein Helikopter auf, an seinem Rumpf eine 20 Meter lange Fangleine, die hoch über der Seilbahnstütze baumelt. Bei Minusgraden harrten Monteure seit einiger Zeit dort oben aus, um den Hubschrauber über

Funk zu dirigieren und einzuweisen. Nach mehreren Versuchen gelang es den Männern, das Ende eines Nylonseils an die Schlaufe zu knoten. Der Helikopter schwebte den Hang hinab und lieferte seine Fracht auf der rechten Rheinseite ab. Die erste kritische Hürde war geschafft.

Vier Tage später wurden am Nylonseil zwei Vorseile befestigt und mit einem schwimmenden Ponton zum anderen Flussufer gebracht. Während der Überfahrt achteten die Techniker mit Argusaugen darüber, dass die Spannung konstant gehalten wird. Ein reißendes Seil hätte katastrophale Folgen haben und Menschen in seiner Nähe regelrecht erschlagen können.

Ein zu weit durchhängendes Seil hingegen wäre nass und damit unbrauchbar geworden. Das Vorhaben gelang beim ersten Versuch. Berg- und Talstation waren erstmals miteinander verbunden, die Vorseile wurden über dem Rhein gestrafft. Nach und nach wurden sie durch immer stärkere Taue ersetzt, bis am Ende das erste der 50 Tonnen schweren Tragseile über den Rhein gezogen werden konnte. In schwindelerregender Höhe schraubten zwei Monteure eine Hilfsklemme auf das Seil, um es anschließend auf Spannung zu bringen, in die Station zu ziehen und dort zu verankern.

Im März 2010 waren beide Trassen gespannt und die Seilreiter – die nummerierten Dreiecke, die man entlang der Seile erkennen kann – darauf befestigt. Über die Seilreiter wurde nun das Zugseil gezogen, dessen lose Enden noch verbunden werden mussten, damit ein durchlaufender Ring entstand. Dazu entflechteten die Schweizer Spezialisten die

Endstücke auf 70 Metern Länge, um dann das eine mit dem anderen Ende wieder zusammen zu drehen. Diese Technik, im Seilbau „spleißen" genannt, wird weltweit nur von wenigen Fachleuten beherrscht. Die Verbindungsstelle – der „Spleiß" – ist von Laien später kaum noch auszumachen. In Koblenz gelang auch das „Spleißen" auf Anhieb, beide Enden des Zugseils waren fest miteinander verbunden. Nun musste das Seil noch „rund" laufen. Dazu wurde es von den Technikern gespannt und die Motoren gestartet.

Langsam begannen sich die mächtigen Seilscheiben zu drehen, bis das Zugseil spurgenau in einer Endlosschleife durch die Stationen lief. Die erste Fahrt war den Technikern vorbehalten. Auf dem Dach der Kabine stehend, ein Monteur sogar ganz oben auf der Seilrolle, schwebten sie am 29. April unter großem Beifall der Koblenzer hinab ins Tal. Die Fahrt verlief ohne größere Probleme, so dass jetzt mit der Feinabstimmung begonnen werden konnte.

Währenddessen nahmen Berg- und Talstation weiter Gestalt an. Die Stuttgarter Werner Sobek Gruppe entwickelte einen Wetterschutz aus einer Membranhülle. Das Textilgewebe, nur einen Millimeter stark, verbirgt die Betonsockel mitsamt ihrer massiven Technik. Nachts illuminiert, erwecken die Stationen dadurch den Eindruck von Raumkörpern, die über dem Boden zu schweben scheinen.

Im Mai 2010 waren alle Kabinen an das Zugseil montiert. Im Juli startete eine dreimonatige Kurzsaison. Bereits im ersten Monat wurden 50.000 Fahrgäste gezählt, am Ende waren es fast 180.000. Sechs Monate später, am 15.04.2011, startete der Regel-Fahrbetrieb mit der Eröffnung der Buga.

Insgesamt waren beim Bau der Anlage fast 100 Seilbahn- und Drahtseil-Experten über mehr als ein Jahr damit beschäftigt, die erste deutsche Seilbahn im urbanen Raum zu realisieren.

Technik und Betrieb

Allgemein

Bei der Koblenzer Seilbahn handelt es sich um eine Umlaufbahn mit drei Seilen, sie wird daher auch Dreiseil- oder 3S-Bahn genannt. Charakteristisch sind zwei Tragseile sowie ein endlos umlaufendes Zugseil für den Transport der Kabinen. 3S-Bahnen gelten als modernste Technik im Seilbahnbau. Sie zeichnen sich durch eine hohe Windstabilität und einen niedrigen Energieverbrauch aus, gleichzeitig können enorm viele Passagiere in beide Richtungen gleichzeitig transportiert werden.

Die Dreiseil-Technik kombiniert die Vorteile der Gondel- mit denen der Pendelbahntechnologie. Auf diese Weise entsteht eine kuppelbare Umlaufbahn mit einem Fassungsvermögen von bis zu 35 Passagieren pro Kabine. Das 3S-System benötigt nur je eine Stütze an den Stationen, der große Abstand dazwischen ermöglicht daher maximale Spannfelder,

um Anlagen hoch über Flüsse und Stadtteile hinweg zu realisieren. Ein Räumungskonzept, erstmalig bei der Koblenzer Seilbahn umgesetzt, sorgt dafür, dass Fahrgäste bei einem Stillstand der Anlage nicht mehr abgeseilt werden müssen, sondern mit den Kabinen in die nächste Station bewegt werden. Dort können sie ganz normal aussteigen, bis die gesamte Anlage nach und nach „leer" gefahren ist.

Für den reibungslosen Betriebsablauf sorgen zwei Maschinisten pro Station, zusätzlich muss ein Betriebsleiter oder dessen Stellvertreter anwesend sein. Maschinisten bringen eine Berufsausbildung als Schlosser, Metallhandwerker oder Elektriker mit, der stellvertretende Betriebsleiter verfügt über mindestens einen Meisterbrief in einem dieser Berufe und der Betriebsleiter selbst muss über mindestens ein Ingenieurs-Diplom verfügen. Alle technischen Mitarbeiter müssen schwindelfrei sein und in regelmäßigen Abständen ein Gesundheitszeugnis vorlegen.

Sicherheit

Statistisch gesehen ist nur ein Transportmittel sicherer als die Seilbahn: der Personenaufzug. Aber im Gegensatz zum Aufzug werden Seilbahnen für extreme Witterungsverhältnisse entwickelt und arbeiten zuverlässig auch bei Eis, Schnee und Windstärken bis zu 100 km/h. Die regelmäßige Wartung und Kontrolle von Bahn, Seilen und Sicherheitseinrichtungen ist gesetzlich vorgeschrieben und wird von den Aufsichtsbehörden, in Rheinland-Pfalz dem „Landesbetrieb Mobilität", kontrolliert. Zweimal jährlich findet eine umfassende Prüfung der Anlagen und Sicherheitsvorrichtungen statt.

Eine dieser Prüfungen wird vom Seilbahnunternehmen selbst durchgeführt, die zweite von einer amtlich anerkannten Prüfstelle. Zusätzlich sind tägliche, wöchentliche und monatliche Kontroll- und Wartungsarbeiten vorgeschrieben. Darüber hinaus müssen wesentliche technische Funktionen und Einrichtungen einer Seilbahn-Anlage täglich vor Inbetriebnahme kontrolliert werden.

Beim 3S-System wird zusätzliche Sicherheit durch „Redundanz" gewährleistet. Funktionsrelevante Anlagenbestandteile, beispielsweise Seilscheiben, Antrieb und Notantrieb, sind ausnahmslos doppelt und unabhängig voneinander ausgelegt. Bei der Steuerungstechnik sorgt eine fehlersichere, speicherprogrammierbare Steuerung für einen reibungslosen Fahrbetrieb. Überwachungssensoren und Schalter melden Unregelmäßigkeiten per Signal oder bewirken, je nach Ursache, einen sofortigen Stopp der Anlage. Auch Funktionen, die mit dem Kupplungsvorgang der Kabinen in den Stationen zusammenhängen, werden permanent überwacht. Fehlerhaft angekuppelte Fahrzeuge werden durch Sensoren erkannt und sorgen für ein sofortiges Anhalten der Bahn. Auch Kabinentüren, die bei der Ausfahrt nicht richtig geschlossen sind, bringen die Bahn automatisch zum Halt.

Eine Ringschaltung sorgt dafür, dass eine ständige Stromversorgung von zwei Seiten gewährleistet ist. Bei Stromausfall steht in Berg- und Talstation je ein Dieselmotor zur Verfügung. Damit ist es auch bei blockiertem Antrieb möglich, das Zugseil zu bewegen und die Kabinen in die Stationen zu evakuieren. Die Strecke wird also inklusive der Gondeln „geräumt". Sollten die Lager der Seilscheiben ihren Dienst verweigern, übernehmen Notlauflager für eine begrenzte Zeit deren Aufgabe. Auch mit dieser Maßnahme wird gewährleistet, dass die Kabinen in die Stationen gezogen werden können.

Obwohl für extreme Winter gebaut, führt die Koblenzer Seilbahn ein vergleichsweise frostfreies Leben: solange der Rhein nicht zufriert, gibt er so viel Wärme nach oben ab, dass kein Eisbesatz an Seilen oder Kabinenlaufwerken befürchtet werden muss. Vor Betriebsbeginn wird täglich eine Revisionsfahrt durchgeführt, bei der im Schritttempo unter anderem auch die Seilreiter überprüft werden.

Dem Stationsleiter stehen Monitore zur Verfügung, die laufend Informationen und technische Messwerte anzeigen. Auf Knopfdruck kann er zusätzliche Details, wie beispielsweise die Windgeschwindigkeit, einblenden. Bis 22 Metern pro Sekunde ist die 3S-Bahn noch „windstabil", bei 24 Metern erhält das Personal eine „Windwarnung" und bei 26 Metern einen deutlichen vernehmbaren „Windalarm".

Dennoch erfolgt bei sehr starkem Wind keine automatische Abschaltung – der Betriebsleiter entscheidet, ob weitergefahren werden kann und darf.

Seile

Mit der Produktion der „Gleise" – der Seile der Koblenzer Seilbahn – wurde die Fatzer AG aus der Schweiz beauftragt. Die Seile dieser Spezialfirma werden aus kaltgezogenen Stahldrähten hergestellt und erreichen nach ihrer Fertigung eine extreme Zugfestigkeit. Die Koblenzer Seilbahn verfügt über vier fest verankerte Tragseile mit einem Durchmesser von 54 mm.

In beiden Stationen sind sie mehrfach um große Poller gewickelt, ihre Spannung kann bei Bedarf hydraulisch korrigiert werden. Eines der Tragseile verfügt im Inneren über ein durchgehendes Kabel: über diesen integrierten Lichtwellenleiter werden analoge und digitale Signale zwischen den Stationen übertragen.

Beim „Seilzug", dem Aufspannen der Seile, wurde das Zugseil zu einem Ring zusammengefügt („gespleißt"). Das umlaufende Seil hat einen Durchmesser von 42 mm, ist biegsam und verfügt über einen Kunststoffkern, die sogenannte „Seele". Auch das Zugseil wird über eine Hydraulikanlage gedehnt, ein Spannwagen sorgt dabei für eine immer gleichmäßige Spannung. Auf der Strecke wird es in regelmäßigen Abständen von Seilreitern – auf Rollen montierte Zwischenabhängungen – abgestützt. Jeweils vier davon befinden sich auf jedem „Gleis" – damit wird auf der 850 Meter langen Strecke ein allzu großer Durchhang vermieden.

Antrieb

Der Antrieb erfolgt in der Bergstation. Ein Drehstrommotor mit 1300 PS liefert die Antriebsenergie, das Getriebe wirkt direkt auf die Seilscheibe. Motor und Getriebe sind durch eine Ketten-Kupplung verbunden, die bei einer Blockade des Antriebsmotors getrennt werden kann, um das Zugseil per Notantrieb bewegen zu können.

An Berg- und Talstation steht jeweils ein Dieselmotor mit einer Leistung von 223 PS bereit, um bei Störungen des Elektromotors einen Notantrieb zu gewährleisten. Im Krisenfall sorgt das hydrostatische Antriebssystem dafür, dass alle Kabinen in die Stationen zurückgeholt werden können. Als Betriebsbremse wurde eine hydraulisch gelüftete Scheibenbremse eingebaut.

Sobald die Bahn anläuft, wird die Bremse hydraulisch gelöst. Bei Stromausfall oder Sicherheitswarnungen sorgt die Scheibenbremse für ein schnelles und sicheres Abbremsen bis hin zum Stillstand. Auch bei den Bremsen haben die Planer doppelt vorgesorgt. Sollte die Betriebsbremse ausfallen, eine der Not-Aus-Tasten betätigt oder gar eine kritische Übergeschwindigkeit (>10%) erreicht werden, sprechen zusätzliche Sicherheitsbremsen an und wirken dann unmittelbar auf beide Seiten der Seilscheibe.

Kabinen & Laufwerke

Insgesamt 18 Kabinen mit einem Platzangebot für jeweils 35 Passagiere sorgen für die hohe Förderleistung der 3S-Bahn. Dabei sind alle Koblenzer Kabinen in ständigem Umlauf, da für die ursprünglich vorgesehene Betriebszeit von nur drei Jahren keine Abstellmöglichkeit („Garagierung") für einzelne Gondeln vorgesehen war. Findet kein Fahrbetrieb statt, werden je neun Gondeln wind- und wettergeschützt in den Stationen geparkt. Auf den Tragseilen rollen die Laufwerke, daran sind über einen biegesteifen Stahlbügel die Kabinen aufgehängt.

Der Stahlbügel ist drehbar gelagert, auf diese Weise wird ein Pendeln der Kabinen in beide Fahrtrichtungen erlaubt. Für die Passagiere entsteht dadurch der angenehme Effekt, dass Anfahr- und Beschleunigungskräfte spürbar abgefedert werden.

Mit Kabine, Laufwerk und 35 Passagieren wird ein Gesamtgewicht von ca. 6,8 Tonnen erreicht. Diese Last wird über 8 große Laufrollen auf die Tragseile geleitet. Sie sind mit elastischem und abriebfestem Kunststoff gefüttert und zeichnen sich durch eine hohe „Laufruhe" aus.

Während der Fahrt sorgen zwei voneinander unabhängige Kuppelklemmen für die sichere und feste Verbindung zwischen Laufwerk und Zugseil. Auch hier greift das Konzept der redundanten Konstruktion: Sollte eine der beiden Klemmen versagen, gewährleistet die zweite eine Evakuierung der Kabine bis in die nächste Station. Für das An-und Abkuppeln der Kabinen in den Stationen sorgt eine Zwangsführung. Beim Abkuppeln verlässt das Laufwerk das Tragseil und rollt auf den Schienen der Stationsfahrbahn weiter. Oberhalb der Laufwerke übertragen langsam rotierende Autoreifen ihre Bewegungsenergie per Riffelblech auf die Laufwerke.

Auf diese Weise gleiten die Kabinen mit etwa 0,15 Metern pro Sekunde nur noch im Schneckentempo durch die Stationen – Zeit genug zum Ein- und Aussteigen der Fahrgäste. Nachdem der Einstiegsbereich passiert ist, werden die Gondeln wieder auf die Geschwindigkeit des Zugseils beschleunigt und automatisch angekuppelt.

Stützen

Die Unesco-Vorgabe für die Genehmigung einer Seilbahn im Weltkulturerbe Mittelrhein war, eine Bahn mit nur zwei Stützen zu bauen, um das gewachsene Bild von Festung, Rhein und Stadtsilhouette so wenig wie möglich zu beeinträchtigen.

Die Stützen der Koblenzer Bahn bestehen aus Rundrohr-Fachwerk und sind über Leitern und Arbeitspodeste zugänglich. Auf ihrem „Kopf" wurden die Tragseilschuhe montiert, in denen das Zugseil gummigelagert ruht. Das Spannfeld mit 850 Metern zwischen den Stützen stellt für eine Bahn der Dreiseil-Generation keine besondere Herausforderung dar.

Impressionen

Aufmerksamen Beobachtern wird nicht entgehen, dass die Seilbahn im Linksverkehr betrieben wird. Grund dafür sind die örtlichen Gegebenheiten, wie beispielsweise die Positionen der Ein- und Ausstiege an den Koblenzer Stationen.

Im Tagesbetrieb gleiten die Kabinen fast lautlos, wie auf Schienen, von Tal zu Berg und zurück. Das Design der Gondeln wurde speziell für die Buga konzipiert, selbst bei Maximalbelegung bieten die Panoramakabinen allen 35 Passagieren eine perfekte Aussicht.

Die Seilbahn wurde bewusst als „Sommerbahn" angelegt, ein ausgeklügeltes Sitzplatzkonzept sorgt dafür, dass Personen sitzend, ein wenig höher angelehnt oder auch stehend die Vorgänge am Rhein und an den Flussufern beobachten können. Vor Einführung der 3S-Technolgie waren stehende Passagiere in Gondeln nicht gern gesehen, man befürchtete, dass die Kabinen dadurch ins Schwingen geraten. Bei der

Dreiseilumlaufbahn laden vertikale und horizontale Haltestangen im Fahrgastraum, ähnlich wie in Bus, Straßen- oder U-Bahn, stehende Passagiere dazu ein, sich daran festzuhalten. Der Fahrgast hat die Anmutung, ein öffentliches Verkehrsmittel zu benutzen, ein Gefühl, dass die bei manchen Besuchern vorhandene Höhenangst reduzieren kann. Sämtliche Kabinen sind videoüberwacht und verfügen über eine Gegensprechanlage – auch dies trägt dem Sicherheitsgefühl vieler Passagiere Rechnung.

Die Standard-Kabinen (Nr. 1 – 16) verfügen über Sitzbänke vorne, hinten, sowie im Kreis in der Mitte. Eine Aussparung nimmt gegebenfalls Fahrräder oder größere Gepäckstücke auf. Die Türen sind breit genug für Kinderwagen und Rollstühle, sogar fahrbare Krankenbetten können in den Kabinen mit 15 Sitz- und 20 Stehplätzen transportiert werden. Der Einstieg ist ebenerdig, so dass die Bahn nicht angehalten werden muss, wenn sperrige Güter hinein gerollt oder getragen werden.

Kabine Nr. 17 wurde mit einem Glastisch ausgestattet, um während der Fahrt das Treiben am Ufer, auf dem Fluss und über der Bahnlinie direkt aus der Vogelperspektive beobachten zu können.

Kabine Nr. 18 trägt den Namen „urban concept" und erinnert mit ihren Sitzschalen an die Ausstattung einer U-Bahn. In naher Zukunft könnten Seilbahn-Kabinen für den öffentlichen Personennahverkehr so oder ähnlich aussehen. Für Doppelmayr ist die Koblenzer Seilbahn eine Referenzanlage, mit der man demonstrieren möchte, wie einfach, sicher und umweltfreundlich moderner Personenverkehr in Metropolen sein kann.

Im ersten Jahr nach der Bundesgartenschau gab es einige Marketing-Ideen, um die Seilbahn im Gespräch zu halten: beim „flying Dinner" wurde ein Menü in der Kabine serviert, bei der „Traumhochzeit" gaben sich Paare hoch über dem Rhein das Jawort oder Koblenzer Winzer schenkten bei einer schwebenden Weinprobe ein. Wie man heute weiß, hätte es all dessen gar nicht bedurft. Im Gegenteil, die „Sperrung" der Bahn für den allgemeinen Betrieb sorgte sogar hin und wieder für Unmut.

Die Koblenzer und ihre Gäste, die so viele Jahre und Jahrzehnte auf „ihre" Seilbahn warten mussten, wollten einfach nur damit fahren. Zumindest in den dafür genehmigten drei Jahren. In kürzester Zeit hatte die Seilbahn sich zu einer der Hauptattraktionen von Koblenz entwickelt – sowohl für Einheimische, als auch für Touristen. Besonders letztere reagierten daher mit Unverständnis, wenn sie vom geplanten Abbau der Anlage erfuhren. Auch bei den Koblenzern wa-

ren bald erste Stimmen zu vernehmen, die eine Fortführung der Seilbahn über 2013 hinaus zur Diskussion stellten. Die Unesco jedoch behielt ihren einmal eingeschlagenen Kurs zunächst bei.

Der Internationale Rat für Denkmalpflege (Icomos), der die Unesco in Fragen des Denkmalschutzes berät, beauftragte den Schweizer Denkmalpfleger und Architekten im Ruhestand, Professor Bernhard Furrer, mit einer Ortsbesichtigung. Bemerkenswert war, dass lediglich ein einziger Gutachter entsandt wurde und dieser nur ein einziges Mal – im Winter, bei kahler Landschaft – die Region bereiste.

Sollte am Ende ein Einzelrichter, noch dazu in einem wenig transparenten Verfahren, über das Schicksal einer ganzen Region entscheiden? Die Visite des Schweizer Experten war nach außen komplett abgeschirmt. Seine Gesprächspartner präsentierten ihm viele Fakten rund um das Thema Oberes Mittelrheintal und mit zunehmender Vertrautheit schwand deren anfängliche Nervosität. Man war optimistisch, denn der Icomos-Vertreter wirkte fair, Pro und Kontra genau abwägend. Darüber hinaus stammte er aus der Schweiz, wo Seilbahnen schließlich in vielen Bereichen zum Alltag gehören.

All das stimmte die Befürworter der Koblenzer Seilbahn zuversichtlich – umso größer war der Schock für die Menschen, als erste Informationen aus dem abschließenden Gutachten durchsickerten. Keiner der Beteiligten hatte mit einer so schlechten Expertise gerechnet. Spekulationen schossen ins Kraut, es war von einer Verschwörung die Rede, man vermutete Machenschaften von Denkmalschützern im Hintergrund. Doch alle Bemühungen waren umsonst: Icomos empfahl dem Welterbe-Komitee, einer Verlängerung der Betriebsdauer nicht zuzustimmen. Der Hauptkritikpunkt: Die Bahn, vor allem deren Talstation, die unweit der historischen St.-Kastor-Basilika am Rhein liegt, zerstörten die Blickbeziehungen im Tal und seien mit dem Welterbestatus nicht vereinbar. Um diesen nicht zu gefährden, empfahlen die Experten den Abbau.

Die Entweder-Oder-Haltung der Unesco war den Koblenzern jedoch viel zu einseitig, man wünschte sich ein Sowohl-als-Auch in der Praxis. Warum sollten sich Welterbe-Status und Seilbahn eigentlich ausschließen? Schnell entwickelte sich aus dieser Haltung die Iniative „Pro Seilbahn". Mit Augenmaß und sachlichen Argumenten sollten die Entscheider davon überzeugt werden, ihr einmal gefälltes Urteil noch einmal zu überdenken.

Schnell füllten sich Unterschrifenlisten, die überall in der Stadt kursierten. Auch erste Unterstützerlisten aus dem Ausland trafen ein. Der Protest gipfelte in einer Demonstration mit mehr als 3.500 Menschen am Rheinufer, bis dahin waren über 100.000 Unterschriften gesammelt.

Nun war die Unesco am Zug. Auf ihrer nächsten Sitzung – diesmal in Phom Penh – sollte auch über das Anliegen der Koblenzer entschieden werden. Normalerweise folgen die 21 Mitglieder des Welterbe-Komitees den Empfehlungen von Icomos. Die Beschlußvorlagen erscheinen auf den Computer-Bildschirmen der 21 Kommisionsmitglieder und werden in Sekundenschnelle abgehakt. Glücklicherweise hatte Frankreich im Vorfeld beantragt, über den Tagesordnungspunkt „Seilbahn Koblenz" zu diskutieren. Das Thema hatte also Sonderstatus, dennoch lag die Hürde extrem hoch, denn kaum wird die knappe Redezeit von drei Minuten überzogen, ertönt Musik und zwingt den Redner zur Beendigung seines Diskussionsbeitrags. Die deutsche Delegation mit Vertretern aus Rheinland-Pfalz und Berlin hatte also nur ein paar hundert Sekunden Zeit, um ihre Sicht der Dinge darzulegen.

Die Welterbe-Koordinatorin im Berliner Auswärtigen Amt bewies Mut und rückte die Denkmalpfleger selbst in den Fokus ihrer Kritik. Sie präsentierte noch einmal die Argumente, die für den Erhalt der Seilbahn sprechen und kritisierte den Icomos-Bericht als „nicht stringent und transparent". Durchaus möglich, dass die Koblenzer Demonstration bis nach Kambodscha zu hören war, jedenfalls kam das Welterbe-Komitee nach einer intensiven und mit 35 Minuten für Unesco-Verhältnisse außerordentlich langen Debatte zu dem Ergebnis, daß Koblenz die Seilbahn bis zum Jahr 2026 behalten darf – ohne damit die Aberkennung des Welterbe-Titels zu riskieren.

Die Nutzungsdauer entspricht dabei dem Auslaufen der technischen Betriebsdauer, denn danach muss die Bahn ohnehin abgebaut werden. Überraschend für die Menschen an Rhein und Mosel war, dass das Welterbekomitee bei seiner Entscheidung sogar über ihr Minimalziel hinausgegangen war. Schon eine Vertagung der Entscheidung um zwei Jahre wäre von den Koblenzern als Erfolg gewertet worden. Am

Ende hatte sich die Beharrlichkeit ausgezahlt, mit der die Vertreter der Deutschen Delegation dafür geworben hatten, dass sich Welterbe-Status und Seilbahn nicht ausschließen. Trotz des Bedenkens einiger Ländervertreter unterstützten bei der Abstimmung neben Frankreich auch Kolumbien, Serbien und die Schweiz den Wunsch, die Bahn bis 2026 über den Rhein fahren zu lassen.

Auch die Vertreter Malis und Senegals hatten sich für den Antrag stark gemacht, der schließlich von allen 21 Mitgliedern ohne Gegenstimme beschlossen wurde. Der Vertreter Kolumbiens konnte sich des Koblenzer Beifalls sicher sein, als er vorschlug, künftig auch andere Welterbe-Stätten mit einem attraktiven und umweltfeundlichen Verkehrsmittel – einer Seilbahn – zu erschließen.

Die letzte Unterschriftenliste mit einem „Ja" zur Seilbahn ging im Oktober 2013 ein. Sie war im fernen Bali abgesandt worden. Am Ende hatten die Koblenzer Seilbahn-Enthusiasten 105.472 Unterschriften gesammelt. Die Unterzeichner sind rund um den Globus verteilt, kaum ein Land auf der Erde, dass nicht auf einer der Listen vertreten ist. Das klare Votum der Bevölkerung und die breite Front der Befürworter signalisierte sowohl der Unesco als auch dem Bahn-Betreiber Doppelmayr: „Eine ganze Region steht hinter der Seilbahn".

Ausblick

Das Fahrziel der Seilbahn – von der Talstation aus betrachtet – ist neben der beeindruckenden Aussicht auch ein Besuch der Festung Ehrenbreitstein. Aufgabe des Festungsbetreibers GDKE (Generaldirektion Kulturelles Erbe Rheinland-Pfalz) ist es einerseits, Denkmäler zu schützen und zu erhalten, andererseits jedoch auch, diese den Menschen zugänglich zu machen. Obwohl es auch bei der GDKE vereinzelt Bedenken gegen den Standort der Seilbahn gab, überwog auch hier am Ende die Erkenntnis, daß die Seilbahn eine zentrale Funktion erfüllt, um das kulturelle Erbe der Festung mit Leben zu füllen. 2013 reisten ca. 450 000 zahlende Besucher an, die klare Mehrheit davon mit der Seilbahn.

Auch die Jugendherberge mit ihren 30.000 Übernachtungen im Jahr profitiert von der Seilbahn, denn die Gäste reisen, beispielsweise als Fahrradtouristen, mit ihr an oder nutzen sie für Ausflüge in die Stadt und deren Umgebung.

Ursprünglich nur auf drei Jahre angelegt, mussten die Anlagen rund um die Stationen nun für einen dauerhaften Betrieb gerüstet werden. Die Kassenhäuschen aus Holz wichen stabileren Konstruktionen und für die Mitarbeiter gab es im Jahr 2014 erstmals funktionale Gebäude mit Pausen-, Sanitär- und Umkleideräumen. Um Wartungsarbeiten an einzelnen Gondeln vornehmen zu können, wird an der Bergstation ein kleiner Bahnhof entstehen. Nach Fertigstellung können dann Kabinen ausgeklinkt und auf einem eigenen Gleis geparkt, also „garagiert" werden.

In ganz Deutschland suchen Kommunen nach Wegen, die Fehler der Nachkriegszeit, als man Städte möglichst autofreundlich plante, zu korrigieren. Staus, verstopfte Straßen, Abgase und Parkplatznot, wir alle können heute ein Lied davon singen. Inzwischen sehen Fachleute in Seilbahnen eine realistische, kostengünstige und umweltfreundliche Alternative für den Personentransport im urbanen Raum.

Dennoch sind die örtlichen Gegebenheiten nicht immer so ideal wie in Koblenz, wo es schwerfällt, sich die Seilbahn überhaupt wieder „wegzudenken". Die Einwohner Hamburgs sprachen sich beispielsweise im August 2014 gegen den Bau einer Seilbahn aus. Die geplante Verbindung hätte den U-Bahnhof St. Pauli – quer über den Hafen – mit den Theatern an der Elbe verbunden.

Aus ökologischer und verkehrsplanerischer Sicht ist der norddeutsche Bürgerentscheid zu bedauern: In sieben Minuten wäre eine Strecke von 1,5 Kilometern überwunden worden – mit Ökostrom, ohne nennenswerten Flächenver-

brauch, Staus oder Parkplatzproblemen.

In ihrem *Human Settlement Programme* kommen die Vereinten Nationen zu dem Schluss, dass bereits heute etwa die Hälfte der Weltbevölkerung in Städten lebt. Mehr noch, aufgrund der steigenden Entfernung zwischen Wohn- und Arbeitsort und der ungeplanten Ausdehnung von Städten werden Siedlungsstrukturen zunehmend komplexer und die bestehenden Verkehrsinfrastrukturen stoßen an ihre Kapazitätsgrenzen.

Zur Beseitigung dieser und künftiger Verkehrsprobleme können moderne Seilbahnen komplett neue Lösungsansätze bieten. Ging es früher nur darum, zwei Endpunkte miteinander zu verbinden, verfügen Seilbahnen der jüngsten Generation bereits über Bahnhöfe, die das Umsteigen zwischen verschiedenen Seilbahn-Linien oder auch zwischen Seilbahn und anderen öffentlichen Verkehrssystemen ermöglichen. Die neuesten Entwicklungen weisen in diese Richtung: In Sochi, am Austragungsort der olympischen Spiele 2014, sind zwei große 3S-Bahnen entstanden, in einer davon können sogar Autos transportiert werden.

Auf der anderen Seite des Erballs werden die bolivianischen Großstädte La Paz und El Alto per Drahtseil miteinander verbunden. Auf einer Meereshöhe von 3.600 bis 4.000 Metern verkehren drei kuppelbare Bahnen mit einer Gesamtlänge von knapp 11 Kilometern zwischen 11 Stationen. Bis zu 9.000 Personen pro Stunde und Richtung werden dann zwischen den beiden Metropolen unterwegs sein. 445 Kabinen „hängen" im Netz, jede davon verfügt über Klappfenster,

Lüftungsöffnungen und eine Funk-Gegensprechanlage, um im Notfall direkt mit dem Betriebspersonal kommunizieren zu können. Eine LED-Innenraumbeleuchtung sorgt für Helligkeit auch in den circa acht Stunden Nachtbetrieb.

Jede Bahn erhält eine eigene Farbgebung – auch das erinnert an U-Bahn-Systeme: „Linea Roja", „Linea Amarilla" und „Linea Verde". In Bolivien wird damit eine neue Dimension im Pendlerverkehr erreicht: Bei einer Fahrgeschwindigkeit von bis zu 18 km/h ist ein Seilbahn-Passagier in 10 bis 16 Minuten am Ziel – die gleiche Strecke mit dem Auto dauert dagegen bis zu eine Stunde und mehr.

Nahverkehrslösungen wie diese sind eine Blaupause für die Zukunft: Seilbahnen können in kurzer Zeit errichtet werden, schaffen eine neue, störungsfreie Verkehrsebene und überwinden Hindernisse lautlos und elegant. Sie sind in der Regel um ein bis zwei Drittel günstiger als konventionelle Nahverkehrslösungen.

Während U-Bahn-Bauer mit etwa 20.000 Fahrgästen pro Stunde kalkulieren und Straßenbahnen ab etwa 12.000 Passagieren pro Stunde wirtschaftlich fahren, kann eine Seilbahn mit etwa 5.000 Fahrgästen pro Stunde eine Alternative sein, um hochfrequentierte Systeme miteinander zu verbinden, beispielsweise zwei U-Bahn-Linien oder Umsteigepunkte zwischen Nah- und Fernverkehr. Oder aber sie verbindet, wie in Koblenz, das Rheinufer mit einem der schönsten Aussichtspunkte im Oberen Mittelrheintal.

Anhang

Technische Daten

Hersteller/Betreiber: Doppelmayr Gruppe, Wolfurt, Österreich
Design: Werner Sobek Engineering & Design, Stuttgart
Bauzeit: 14 Monate, fertiggestellt 2010
Seilbahnsystem: 3S – Dreiseilbahn (Verwendung von zwei Tragseilen und einem Zugseil)
Gewicht Tragseil: jeweils 17 Tonnen
Durchmesser Tragseil: 54 mm
Durchmesser Zugseil: 42 mm
Kabinen: 18 Kabinen für jeweils 35 Passagiere
Kabine Nr. 17 mit Glastisch, Kabine Nr. 18 „urban concept"
Gewicht einer Kabine: 3,5 Tonne inklusive Laufwerk
Seilbahnlänge: 890 Meter
Freies Spannfeld zwischen den Stützen: 850 Meter
Höhenunterschied: 112 Meter
Motor: 1300 PS; verbrauchsarm, strombetrieben
Förderleistung pro Stunde und Richtung:
3.000 Personen/Stunde bei 4,5 m/sec (ca. 16 km/h)
3.800 Personen/Stunde bei 5,5 m/sec (ca. 20 km/h)
Fahrzeit: 3,3 min bei 4,5 m/sec (= 16,2 km/h)